Lukas Kaiser: *Zeuge meiner Zeit* Hamburg, 2003
©2001, *Alle Rechte beim Autor*

Herstellung und Verlag: *Books on Demand GmbH,
Norderstedt*
Satz und Layout: *Aike Roscher*
Umschlagfoto: *Tobias Ohlendorf und Aike Roscher*
Umschlaggestaltung: *Aike Roscher*
ISBN 3-8334-0369-1

Lukas Kaiser: *Zeuge meiner Zeit*

Lukas Kaiser

Zeuge meiner Zeit

- hochhinabgeteilt

III.Geteilt   59

Nachwort   86

I. HOCH

So jauchzet, macht Gezeter
Auch wenn das Schicksal kippt
Und kämpft um jeden Meter
Solang's ein Ziel noch gibt

Gedenket des Gefährten
Der übern Jordan kroch
Und ehrt die nie Geehrten
Ruft Hoch! - Wir leben noch!

SCHLAFSTÖRUNGEN IN SCHWEDEN

Dort in der Wolke war ein Loch
eben grade sah ich's noch
der Sonnenstrahl, der mich erstach
als Morgenkälte in mich kroch

Die Schatten tanzten über Wipfel
und über schneebedeckte Gipfel
meine Augen hell erleuchtet
vom Widerschein der Wolken Zipfel

Ein Vogel wie zum Gruße rief
flog auf und in die Wälder tief
der Wind die schweren Wolken blies
die Welt um mich herum, sie schlief

Grau der Himmel auf mir lag
nichts kündet mehr vom neuen Tag
als mir im lang ersehnten Schlaf
ein Lächeln im Gesicht kurz lag

SUPERNOVA

Wo kamst Du her, Lächeln im Nichts?
Unverhoffte Seelenverwandschaft?
Licht deines strahlenden Gesichts
Im Schatten flüchtigster Bekanntschaft

Jetzt liegst Du neben mir
Unbekannt und angsteinflössend
Komm doch nicht mehr los von dir
Bist so nah und so entblössend

Liest mich wie ein offnes Buch
Schneid ich oft geübt Grimassen
So verzweifelt mein Versuch
Dich doch endlich loszulassen

Einen einzig langen Tag
Machst mühelos zur Ewigkeit
So kurz ich heut nur bei dir lag
So Ewigkeiten lange Zeit

Meine Angst, so unverständlich
Wenn ich spring, wo werd ich landen?
Oh wie freudenlos, wie schändlich
Greisengleich, so unverstanden

Falle, lieber Bruder, falle!
Der Sonne in die Augen sehn
Und egal, worauf ich pralle:
Will einmal mit der Sonne gehen!

EINE EINSAME INSEL

Mit meinen Segeln hart am Wind
Die Taue kapp
Den Mast brech ab
Wenn ich die einsame Insel find

Die Strömung reißt mich mit sich fort
Nach vorn der Blick
Und nie zurück
Der beste ist der fremde Ort

Die Häfen voll von meinesgleichen
Sie liegen leicht
Im ruhigen Seicht
Ach, könnt ich auch die Segel streichen

Doch ich mach Fahrt auf hoher See
Schon so lang
Der Winde Zwang
Frag mich nicht wohin ich geh

Wär der Horizont mal leer
Würd ich lauschen
Nur aufs Rauschen
Doch viel zu voll ist dieses Meer

Manchmal jagen mich die Tanker

Muss ich fliehn
Und weiterziehn
Bleibt doch keine Zeit zu ankern

Riesengroße Luxusjachten
Schneiden mich
Und meiden mich
Woll'n mich einfach nicht beachten

Und immer wieder Flüchtlingstrecks
In hölzern Booten
Voll von Toten
Elendig verreckt auf Deck

Raff zusammen all meinen Mut
Wie sie winken
Wie sie stinken
Ramm den Bug tief in die Flut

Also mach ich Fahrt im Wind
Mach ich dort Halt
Werd ich dort alt
Wenn ich endlich meine Insel find

Doch diese Insel, aufgetan
Die größte Pein:
Allein zu sein
Könnt' ich nicht mehr weiterfahrn...

DARWIN, KING OF SPLATTER

Protektion
Vor dauernden
Ellenbogen im Gesicht
Gibt es nicht

Halte sie
- Hoch erhoben
Deine Ellenbogen
Brich so viele Nasen
Wie Du kannst!

Ich will
Blutende Gesichter sehn
Hautnah und live!
Und mich köstlich
amüsieren

Leck meine Elle!
Küss meine Narben!
Nasen dieser Welt
Mein Blut
Ist dicker!

Wie der Gestank, der an mir klebt
Mich zwingt, an dich mich zu erinnern
Und wie mein Stachel, höchst erregt
Sich windet, tief in deinem Innern
Wie gezeichnet, voller Pein
Ich schäm' mich vor der Menschen Masse
So stink ich wie ein wahres Schwein
Konnt doch heut früh nicht von dir lassen

Verbring die Nacht im Schweisse badend
Versink im Sumpf der Körper Säfte
An deinem süßen Quell mich labend
Bleib ich an deiner Blösse heften
Mein Kopf ist voll von Weiblichkeit
Der Schoss, er schmerzt von Unvernunft
Den Geist vertrieb die Leiblichkeit
Ich fühl mich wie der Hirsch in Brunft

Wie die Karnickel ficken möcht' ich
Stoss um Stoss mich selbst vergessen
Und das am liebsten fünfmal täglich
Nie war ich so vom Trieb besessen
Der Frühling kommt mit laut Gestöhn
Könnt' ich doch nur ein Ende sehn
Wie schnell die Nächte doch vergehn
Wie die Karnickel mich verstehn...

Endlich, endlich hab ich dich
Hab dich fest in meiner Hand
Bist entlarvt, Du bist erkannt
Stirb und leide bitterlich!

Niemals hat mir deinesgleichen
Solche Schmerzen zugefügt
Meine Freude so getrübt
Lässt den Tag voll Pein verstreichen

Meine Stirn, so hoch und klar
Füllst mit schmerzend Sorgesfalten
Machst mich gänzlich ungestalten
Stumm und spottend stehst Du da

Fühl mich wie von dir gemarkt
Wag's kaum aus dem Haus zu gehn
Von den Menschen, die mich sehn
Von stummem Ekel angeklagt

Viele kämpfen euch zur Wehr
Diese aussichtslose Schlacht
Habt so vielen Leid gebracht
Dacht, ich träf' euch längst nicht mehr

Du, du Geißel meiner Jugend
Traust dich immer noch zu mir?
Du, du Schmerz, den ich verspür
Deinen Mord mach ich zur Tugend

Ja, ich hasse dich, fürwahr
Widerlich werd' ich mich rächen
Dich mit meiner Nadel stechen
So, als wärst Du niemals da

Wenn auch meine Augen tränen
Voller Lust zerquetsch ich dich
Seh dies blutende Gesicht
Oh, welch unmenschliche Szenen...

Meine Haut, verhornt und mürb
Ich zerreiss sie voll Entsetzen
Wie im Wahn in kleine Fetzen
Stirb, verdammter Pickel, stirb!

HAUPTGEWINN

Der Mond scheint
Und die Katzen spielen im Garten
Wir trinken Wein
Und sind verliebt

Sie nennt mich Honey
Und hält meine Hand
Und ich mache mir
Die nächste Zigarette an
Und fühle mich
Fett und zufrieden

Wir reden dummes Zeug
Und starren uns
Durch die Pupillen
Und sind so lächerlich
Und so beneidenswert
Wie immer

Sie putzt ihre Zähne
Bevor sie schlafen geht
Und ich rauche
Meine Gute-Nacht-Zigarette
Und besoffen
Ist die Nacht nicht mehr fremd

Ohne Alkohol
Ist mir die Liebe
Falsch wie ihr Lächeln
Wenn sie feierlich sagt
Sie liebt mich
Wenn nicht Du
Wär's eine andere
Einzige
Im Schatten des Mondscheins

Doch Du bist es
Und wer hat ihn verdient
Den Hauptgewinn
Wenn nicht ich
Honey?

WAS DENN SONST?

Aber wer, wer
Wenn nicht Du selbst
Gibt Antwort auf die Fragen
Die Du dir stellst?

Oder was, was
Von allem auf Erden
Ist es denn wert
Getan zu werden?

Und wie, wie
Wenn Du so fluchst
Willst Du ihn finden
Den Weg, den Du suchst?

Denn wer, wer
Du elendes Schwein
Hat dich jemals gebeten
Ein Mensch zu sein?

DER REST FREIHEIT

Schön ist's hoch oben die Möwen zu sehn
Wie sie leicht und erhaben mit den Winden wehn
Und wie kräftig der Geier seine Schwingen breitet
Und in schwindelnden Höhen über Gipfel reitet

Wie zierlich und fein der Kolibri surrt
Wie in gotischen Fluchten die Taube gurrt
Wie majestätisch der Adler in der Sonne ragt
Und wie göttlich der Falke zu Boden jagt

So setzt euch zu mir, Schwalben, Meisen
Und erzählt von euren Reisen
Ozean und Haus ihr quert
Was wär' mir eure Reise wert!

Ach, was träum ich schnöde Träume
Wir queren längst ganz and're Räume
Eure Freiheit war uns Beibild
Doch jetzt seid ihr der Technik Freiwild!

Und doch, musst Du die Luft nicht meiden
Bleibt dir der Vogel zu beneiden
Denn was er kann, Du armer Tropf:
Er kackt dir auf den Kopf!

ZWECKNUDISMUS

Wäre es nicht viel einfacher
Für uns junge Männer
Wenn alle Menschen
Nackt durch die Straßen gehen
würden?

Könnte ich doch endlich
In Ruhe
Meiner Wege gehen!

ODE VON DER TÜRFRAU

Die Türfrau ist die Frau
Die am Eingang steht
Umschwärmt von Idioten
Wie vom Stahl der Magnet

Jede Nacht ist sie Teufel
Und Engel zugleich
Ist der stählerne Amboss
Ist ihr Lächeln so weich

Ihr Blick spricht von Sehnsucht
Nach Geborgenheit
Voll Eifer die Männer
Die Weiber voll Neid

Jede Nacht lässt sie brüsk
Harte Männer stehn
Oh lächelnde Türfrau
Du bist wunderschön

FICKEN

Ficken ist Klasse
Ficken ist schön
Ficken ist besser
Als Arbeiten gehn
Ficken ist Liebe
Ficken ist Leid
Und am schnellsten vergeht
Beim Ficken die Zeit

Ficken will jeder
Ist jedem bekannt
Und nennst Du's Ficken
Sind alle gespannt
Ficken ist Wahnsinn
Es hemmungslos treiben
Ficken ist wörtlich
Nicht zu beschreiben

Drum frag ich, was liest Du
Ein Gedicht ohne Sinn ?
Tja, bei "Ficken"
Schaut jeder hin...

KRATZE, KATZE !

Ich bin verliebt in eine Katze
Sie beisst, sie kratzt und schlägt nach mir
Und streichelt mit ihrer Tatze
In eine Katze bin ich verliebt

Sie putzt sich wie ein junger Pfau
Leckt ihre Blösse wie zur Schau
Ist reinlich wie des Hauswarts Frau
In eine Katze bin ich verliebt

Ihr Schrei geht gellend durch die Nacht
Die Freier samt hat umgebracht
Auch mich hat sie verrückt gemacht
Die Katze, die ich lieb'

Ihr Wille ist der Welt Befehl
Die sie mit eisig Blicken quält
Ist störrisch, eitel, nie verfehlt
Die Katze, die ich lieb'

Ihr blitzend Auge nichts verrät
Wenn sie auf leisen Pfoten spät
Lächelnd in den Abend geht
Die Herzogin der Nacht ich lieb'

Ich bin verliebt in eine Katze
Schnurrend ruft sie mich zum Spiel
Räkelt sich auf der Matratze
Lässt ihre Liebe Narben ziehn
Leck mein Blut, und beiss und kratze!
In eine Katze bin ich verliebt...

DIE WAHRE LIEBE

Die wahre Liebe ist schwarz:

Schwarz wie die Nacht
In der sie geschieht
Schwarz wie die Asche
Zu der sie verglüht
Schwarz wie das Auge
Das schmachtend guckt
Schwarz wie das Loch
Das alles verschluckt
Schwarz wie der Regen
Der alles bedeckt
Schwarz wie die Seele
Und was sie versteckt
Schwarz wie die Krähe
Die immerzu stiehlt
Schwarz wie der Punkt
In den man zielt

Schwarz ist die Liebe
Und kalt wie Eis
Schwarz muss sie sein
Wo wär sonst das Weiß?

KOPFSEX

wabbelndes
rotädriges Mahl
saugnapfovaler
Lippen

stachlige Häärchen
zitternder Putenbrust

lutschendes Knabbern
pickeliger
metastatischer
Warzen
unvergleichbar
wie Kautabak
oder alte Karotte

in zähflüssigen Fäden
stinkenden
heissen Schleims
den Bart baden

blutrote Schwülste
zitternden Fleischs
über krampfsteifen Muskeln
küssen

lautloses Lachen
Seufzen

-Beissen, *Kratzen, Krallen* -

wie lieblich
der zarten
brennenden
gequetschten
wunderschönen Körper
Schmatzen

II. HINAB

Tief und tiefer und tiefer
Immer tiefer musst Du sinken
Hinab den grausamen Sog
Den wahren Grund zu finden

Wo sich die Schmerzen lichten
Friede und Klarheit winken
Und schallend lacht dein Sehnen:
Voll Freude jedes Schinden

WAS VON DIR BLIEB

Deine Augen funkelten
Wie Kristalle
Zogen mich an
Fingen mich ein
Machten mich willenlos

Verliebtsein
Ist ein wunderschönes Gefühl
Doch wie grässlich
Ist es ein Geständnis

HANSEATISCHER WINTER

Vom prasselnden Regen
Der über die Dächer fegt
Seh ich nur den Atem
Der die Scheiben beschlägt
Seh ich nur die Pfützen
Durch die ich tauche
Seh ich nur den nassen Klump
Den ich rauche

Vom Gestern bleibt nur
Das Gewissen von heute
Weiß nur noch die Nacht
Wie sehr sie mich freute
Weiß nur noch den Schlaf
Viel zu kurz und zu lang
Weiß den heutigen Auftrag
Mein Lächeln ist Zwang

Im Kopf steht mir nichts
Als endlich nur Friede
Schneid Fratze um Fratze
Bin kalt und frigide
Ihr geht mir unheimlich
Penetrant auf den Geist
Ich grüß dich und mir ist
Egal, wie Du heißt

Ich liebe das Nichts
Doch das Nichts liebt mich nicht
Ich verblasse bei Nacht
Und ich hasse das Licht
Ich kann nicht anders
Als die Schlangen zu küssen
Kann ich denn Gott sein
Ohne töten zu müssen?

KONSUM

Ihre Liebe ist etwas
Vor dem ich mich nicht verstecken kann
Ein Gewitter
Das über dich hereinbricht
Und ich bin splitternackt
Weil stumpf

Ihre Liebe ist
Inniger, definitiver Beschluss
Weil sie weiß
Rational zu entscheiden
Weil sie mich liebt
Und auch sonst wenig nachdenkt
Über Nichtigkeiten
Die ich liebe

Ihre Liebe ist
Der Eidotter
Den sie herauspult
Und beiseite legt
Und mir egal ist
Wie die Nichtigkeiten
Die sie liebt

Kann ich nachts - wie immer
Nicht schlafen
Sitze ich in der Küche

Und rauche
Und rauche

Sie brennt
Vom Feuer der Flamme
Zischelt und glüht
Flackert auf
Bei jedem Atemzug
Frisst sich ihren Weg
Durch frischen
Sehnsüchtigen Stoff

Kuss um Kuss
Dringt sie in mich ein
Füllt mich mit ihrem Gift
Zug um Zug
Schwärzt sich ihr Mund
Ermattet ihr Licht
Und erlischt
Endlich

Und wird von meinen
Kalten
Gelben Fingern
Erdrückt

Und ich lege mich zu ihr
Und schwitze mehr als zuvor
Und sie friert
Mehr denn je

STIMMEN IM STROM

Zu viel Wasser
Fließt täglich den Berg hinab
Als das wir alles
Auffangen könnten

Sie fließen und fließen und fließen
Die Tropfen im Strom
Und das Rauschen
Dröhnt dir in den Ohren

Und Du willst sie aufhalten
Sie beruhigen
Und stillstehen lassen
Im Labyrinth der Ströme

Durch die dreckigen Straßen
Spült es sie
Sie fressen den Staub
Modern in Lachen
Mit himmelblauen Augen
Zu deinen Füßen

Wie Tränen
An deinen ledernen Stiefeln
Reißen sie weiter
Fliehen brausend
Vor dem Tod durch -
Verdunsten...

Ihr Rauschen
Dröhnt dir in den Ohren
Doch zu viel Wasser
Fließt täglich
Den Berg hinab...

DREH DICH, KREISEL!

Dass Du nicht weißt
Was Du willst
Kann dir niemand vorwerfen
Dass Du nicht willst
Was Du kennst
Auch nicht
Und dass Du nicht siehst
Welchen Sinn dein Leben macht
Erst recht nicht

Aber dass Du immer wieder
Diese Fragen ohne Antwort stellst
Statt die zu beantworten
Die Du beantworten kannst
Macht dich so liebenswürdig
Langweilig...

Dreh dich, Kreisel
Rundherum
Steh nicht still
Sonst fällst Du um!

ALLTAGSVIRUS

Ich sag ganz normal Hallo
Wenn wir uns mal wieder sehn
Viel zu tun und Stress und so
Du bestellst Café au Lait

Ich rauch noch immer mehr als Du
Du sagst, das wird sich einmal rächen
Ich lass dich reden, hör dir zu
Hüte mich, zu widersprechen

Fragst mich keck nach Neuigkeiten
Ich weiß, bei dir ist das 'ne Menge
Und wie in guten, alten Zeiten
Schmückst Du sie aus, in voller Länge

Einmal frag ich, wie's dir geht
Du lachst in deiner Antwort Not
Mein Blick zum Boden, viel zu spät
Bist Du doch eigentlich
schon tot

ALLES, WENN...

all meine Habe
sollst Du kriegen
all meinen Stolz
wirst Du besiegen
all meine Sorge
all meine Weh
all meine Augen
wenn ich dich seh

all mein Gefühl
sollst Du bekommen
all meine Sinne
von mir genommen
all meine Seele
zu zergehen bereit
all mein Glaube
sei dir geweiht

all meine Schmacht
all mein Tier
all meine Sehnsucht
gälte nur dir
all meine Angst
dich zu verliern
all meine Sucht
dich zu spürn

wenn es sie gibt
ihr wär mein Leben
für diese Liebe
würd' alles ich geben

geben und nehmen
einerlei ist
wo man doch stets
sich selbst vermisst

CHAMÄLEON

Wir nennen es Glück
Und meinen
Doch nur den Drang
Zu träumen

Wir nennen es Schicksal
Und meinen
Keinen Fehler
Gemacht zu haben

Wir nennen es Gewissen
Und meinen
Keine Entscheidungen
Treffen zu müssen

Wir sagen
Ich liebe dich!
Und meinen doch nur
Es darf
Niemanden
Neben mir geben

So geh! sage ich
Geh und nimm
Deine Namen
Mit dir fort!
Nenn mich Chamäleon!
Und ich weiß
Endlich
Was Du meinst

FUSEL WIE DU

Du glaubst
Weil Du schön bist
Musst Du mir nicht zuhören?

Du glaubst
Du weißt
Weil jeder weiß?

Du glaubst
Ich sehe dich
Wie Du dich siehst?

So wirf dich in Schale
Und trag deine Titten spazieren
Oder dein Portemonaie
Oder deine berühmte
Kaputte Familie

Und geh an mir vorbei
Heute Nacht
Und schenk mir dein
Schönstes Lächeln
Ich schenk dir meins

Es ist wie mit gutem Whisky:
Du musst lernen
Wie man ihn trinkt
Sonst schmeckt er nie
Doch billig sodann
Wird Fusel wie Du

LANDFLUCHT

Mit neuen Augen
Geh ich durch die Straßen
Den Gruß auf den Lippen
Den niemand erwidert

Die letzten Wiesen zugebaut
Die alten Plätze menschenleer
Freund um Freund
Ist mir hinfortgefolgt

Der Morgen grüßt
Mit der gewohnten Güte
Der Ort, der einmal meiner war
Mit förmlichem "Sie"

So renn ich wie auf der Flucht
Aus meiner Heimatstadt
Kann euch nicht ertragen
Ihr alten Gesichter

Doch wie in Sucht ich kehr
Voll Hoffnung immer wohl zurück
Ist's doch das alte Geschwätz
Das ich schon als Kind vernahm

So bin ich nicht der Pate eurer Kinder
So bin ich nicht der Sproß aus eurer Mitte
Die Kenntnis, dass wir alle wandern
Schmerzt nirgends mehr als im vertrauten Hier

Mit einem Lächeln ging ich auf euch zu
Mit fragend Blick ließt ihr mich stehn
Nun auf, nur fort, nur schnell nach Haus´
Muss ich als Fremder aus meiner Heimat gehn

MIT SAMTHANDSCHUHEN

Mit Samthandschuhen
Habe ich dich angefasst
Habe dich behütet
Wie ein kleines Kind
Habe dich behandelt
Wie der Schatz, der Du bist
Wie ein Kleinod, einen Schmuck
Den man nur zu besonderen Anlässen trägt

Mit Samthandschuhen
Wolltest Du angepackt werden
Wie eine Prinzessin
Wie der Engel, der Du bist
Mit Samthandschuhen
Habe ich dich reingehalten
Dein verstaubtes Anlitz glänzen lassen
Um dich auf ewig zu konservieren

Mit Samthandschuhen
Habe ich meine Tränen weggewischt
Weil Du nichts merken solltest
Weil Du lachen wolltest
Mit Samthandschuhen
Wollte ich deinen Puls fühlen
Doch meine Hände schwitzten
Denn deine Haut brannte

Mit Samthandschuhen
Habe ich dich angefasst
Und obwohl ich sie
Immer anbehielt
Habe ich mir
Die Finger schmutzig gemacht
Am fahlen Abdruck
Meiner Samthandschuhe

GEHÖRNTE SCHWESTER

Prinzessin, Prinzessin
Lass mich in Ruh
Du zeigst mir die Hölle
Die Hölle bist Du
Stehst mir im Nacken
Wie Nadeln im Herz
Stiehlst mein Gewissen
Mein Kuss wie zum Scherz
Du bist mir so nah
So nah und so fern
Oh, wie ich dich hasse
Ich hass dich so gern
Und wie ich dich will
Ich sehn mich nach dir
Nichts ist unmöglich
Unmöglich nur wir

Prinzessin, Prinzessin
Klein und laut
Wie doch dein Mann
Blind dir vertraut
So wie meine Süße
Von Liebe so groß
Die Schlange, sie schmiegt sich
Tief ihr im Schoss
So warm und vertraut
Verwechselbar gleich
Ihr Kuss schmeckt so bitter
So rücksichtslos weich
Wir zwei wissen mehr
Und haltens geheim
Wie leicht ist das Leben
Wie süß und gemein

Prinzessin, Prinzessin
Verflucht sollst Du sein
Verflucht sei auch ich
Das treulose Schwein
Und verflucht sei der Tag
Verflucht sei die Nacht
Verflucht die Momente
Gemeinsam verbracht
Wir wussten es besser
Doch waren zu schwach
Nun lieg ich voll Vorwurf
Die Nacht über wach
Sie hat mich begnadigt
In grundloser Treue
Ich flehe mich an:
Komm schon! Bereue!

Prinzessin, Prinzessin
Die teuflische Last
Wie dein lodernder Schatten
Meinen Engel verblasst
Verfolgst mich im Geiste
Will dich nie wieder sehn
Und wünsch mir nichts mehr
Als zu dir zu gehn...

VERGANGENHEIT

... ist der Rest, der bleibt
Der dir begegnet, unbedacht
Die Peitsche, die dich vorwärts treibt
Die Mücke, die dich sticht bei Nacht
Der Berg, den Du im Rücken weißt
Von Nebelschwaden sanft bedeckt
Der Sog, der dich ins Leere reißt
Die Flamme, die sich dort versteckt

Die Namen flackern dir vorm Auge
Sie lachen, beißen, fressen dich
Ihr müsst mir sagen, was ich tauge
Sie gehen und vergessen dich
Wie einfach alles nur geschieht
Was Fügung meint die leere Phrase?
Wohin ein jeder hoffend flieht
Wohin ich selber ziellos rase

Und nur ein klitzekleiner Teil
Von dem, was irgendwann hatt' Wert
Irgendwo im Hirn verweilt
Und rücksichtslos dann wiederkehrt
Als wenn der Schmerz, den Du erlitten
Als wenn die Freude, die verging
Mit gut gezielten, festen Tritten

Dir die Erinn'rung wiederbringt
Die Freunde, kennst Du sie nicht mehr?
All die Herzen, die Du brachst
Diese Scham, sie wiegt so schwer
Vergangenheit, sie folgt dir nach

Wie wenig ist der eig'ne Weg?
Und dennoch alles, was Du gibst
Wie schnell doch der Moment vergeht
Wie nutzlos Du dich doch verliebst

Du folgst mir wie der Schleim der Schnecke
Die Fesseln, die Du um mich rankst
Du kannst dich tief in mir verstecken
Vergangenheit, Du machst mir Angst!

AUF GROẞER FAHRT

Schon so lange planst Du sie
Deine auferlegte Reise
So konzentriert sah ich dich nie
So ernsthaft und so leise

Sieh die Zeit, wie sie vergeht
Jeder Tag voll Sonnenschein
Wer auch immer bei dir steht
Gehst am Ende doch allein

So empfängst Du deine Gäste
Jedes Lachen nährt ihr Hoffen
So umsorgst Du sie zum Feste
Jedes Lachen schweigt betroffen

Deine Angst ich nie verstand
Noch so viel besorgen müssen
Alles fest in deiner Hand
Alles aus der Hand gerissen

Jeden Tag seh ich dich an
Auf den Gruß folgt stummes Fragen
Ist das Einzige, was ich kann
Irgendetwas Dummes sagen

Dacht auf jede Frage doch
Könnt ich eine Antwort geben
Stell dieselbe immer noch
Werd wohl ewig damit leben

Komm nach Hause, schlaf schnell ein
Mach dich für deinen Weg bereit
Die Hölle soll zu Ende sein
Dein Wille brach im Lauf der Zeit

Gute Fahrt, mein lieber Freund
Du musst alleine weitergehn
Den letzten Gruß hab ich versäumt
Komm gut an! Auf Wiedersehn!

NULLEN UND EINSEN

Wie verschreckt
Die wütenden Alten
Die nie verstehen
In welcher Welt sie leben
Uns vom Leben predigen
Was wir nie hören wollten
Und verzweifelt versuchen
Mit uns Schritt zu halten

Und wie wütend
Die verschreckten Jungen
Kopflos im Chaos
Unbegrenzter Möglichkeiten
Verblendet, manipuliert
In die Irre geführt
Von der Sinnlosigkeit
Die ihr Dasein erfüllt

Alles schon mal da gewesen
Alles schon gedacht
Die neuen Perspektiven
Produzieren Austauschmodelle
Ein Leben aus Plastik
Du bist was Du verdienst
Suchen wir nach festem Boden
Im Luftschloss, dass uns umgibt

Die Perspektive, die sich uns bietet:
Die größte Nummer ist die Null
Die in langen Reihen mit Einsen kombiniert
Dein Geld verwaltet
Deinen Arbeitsplatz bestimmt
Deine Bestellung aufnimmt
Und uns zeigt, wie spannend
Ein Jahrtausendwechsel sein kann

Bin ich die Null
Bist Du die Eins
Die mich steuern soll?
Bin ich Eins
Ich Glücklicher
Wollt ihr Nullen
Mich definieren?

Wenn und Falls
Dann logisch gleich?
Kein "vielleicht"?
Wie könnt ihr euch nur
So in euren Bildschirm verkriechen?
Ihr Homebanker!
Ihr Memomonster!

Ihr benutzt ein Werkzeug
Das euch benutzt
Wir arbeiten mit Funktionen
Für die wir funktionieren
Warnung!
Dein Prozessor ist nicht dein Freund
Er ist deine Geißel
Die Du brauchst
Weil sie dich braucht

Funktioniere, wenn Du willst!
Entscheide dich, Minus oder Plus!
Log dich ein!
Erfülle die Funktion eines anderen!
Doch vergiss nicht
Dich ab und an
Zu aktualisieren
Und mach die Augen auf!

So groß ist unser Problem
dass wir es schon nicht mehr sehn
und bist Du am Boden zerstört
musst Du dringend shoppen gehn

PLASTIKGÖTTER

Wie die schwarzen Wolken
Über unsere Köpfe ziehn
Wenn junge Lungen husten
Vom Gift eures Fortschritts
Wenn der Abfall unseres Reichtums
Junge Zähne schwärzt
Und ihr singt von Liebe!

Lippenstift schmückte ihr Gesicht
Der Huren teurer Stoff
Ihre unreifen Früchte
Jetzt durchkämmen Hundertschaften die Felder
Auf der Suche nach der kleinen
- wie hieß sie noch gleich?
Und ihr singt von Liebe!

Schweigsam gedeiht euer Nachwuchs
Im Spiel mit dem besten Freund
Den ihr kauft
Der große, wache Augen
Auf unser Leben trimmt
Ohne Leben
Und ihr singt von Liebe!

Dir gehört die Welt!
Und Grenzen kennt sie nicht mehr
Dein ist das einzig Wohl!
Mord um Mord belegt's
Bis der brave Grundschullehrer
Mit dem kalten Lauf im Mund erwacht
Und ihr singt von Liebe!

Mir gehört die Welt?
Nein, euren wahnsinnigen Ideen!
Schalt ich mein Radio ein
Hör ich nur vom Dreck der Welt
Und halt ich's nicht mehr aus
So hör ich euch
Wie ihr von der Liebe singt!

Wie Hymnen
Wie der Pfaffen Choräle
In fremder Sprache
Und süßem Trug
Singen sie eure Lieder
Mit immergleichen, welken Worten
Von der Liebe!

Und den kleinen
- wie hießen sie noch gleich?
Hängt euer falsches Lachen
Überm Kinderbett

ZUM TEUFEL

Wie kraftvoll Du mir
Von der Liebe erzählst
Verbittert? Ja,
Nenn mich meinetwegen
Sie ist das Band
Das wohl ein Leben lang hält?
Wie kann ich dich dann
An meine Kette legen?

Senk ich den Blick
Frei von deinem Bann
Seh ich die Schwäche
In meinem Herzen walten
Wenn es das ist
Das Innigst' allen Fühlens
Wie kann ich dich dann
In meinen Armen halten?

STRICHLISTE

Du sagst
Du bist zu vernünftig
Um wegzugehn
Und dein Herz
Ist zu groß
Um wegzusehn
Dein Hirn
Ist zu klein
Um zu verstehn
Und dein Leben
Zu kurz
Um stillzustehn

Nein, Du bist
Zu stolz
Deine Unfähigkeit
Einzusehn
Mit deiner
Gottverdammten
Lang ersehnten
Verantwortung
Umzugehn

Ein Meister
Bist Du geworden
Im Spiel
Der Liebe
Und wie jeder Profi
Kannst Du nicht mehr aufhören
Deine Siege
Zu zählen

3x WENN

Wenn Du keinen Freund hättest
Und wenn ich keine hätte
Wärst Du meine Liebste geworden
Und wenn wir ernsthafte
Beziehungen führen könnten
Wären wir jetzt nicht
Gemeinsam
So einsam

GEISTIGE KAPITULATION

Sie wollte mich sehn
Hat sich Gedanken gemacht
Und sie hat mich total
Durcheinander gebracht

Sie will mich, sie will nich
Alles zerstörn
Und erst recht will sie nichts
Von Entscheidungen hörn

Sie hat mich geküsst
Hat nich aufgepasst
Und sie hat mich vermisst
Und sich selbst gehasst

Sie hat ihre Scham
Niemals vergessen
Und doch hat die Nacht
Unsre Unschuld gefressen

Sie hat sich gewehrt
Und sich an mich geschmiegt
Ich hab sie begehrt
Und die Abscheu besiegt

Sie hat mir brutal
Den Verstand geraubt:
Der Verstand ist wohl kleiner
Als man glaubt...

DU

In dem kleinen Café nebenan
Beim Brötchenholen und beim Zeitungsmann
In der U-Bahn, auf dem Gleis gegenüber
In den Strassen, auf den Plätzen darüber
Im ewig leeren Briefkastenschlitz
Auf dem leeren Beifahrersitz
Selbst in der leeren Tasse vor mir
Such ich immer noch nach dir

Auf der einsamen Bank im Park
Im Aufzugsschacht und im Supermarkt
An der Ampel, im Wagen voraus
An der Bushaltestelle und im Treppenhaus
Selbst die Vögel in den Bäumen fragen nach dir
Und die Sterne am Himmel strahlen nicht mehr
Und wie oft auch mein Telefon ringt
Es doch immer nach deinem Anruf klingt

Ganz egal, wohin ich geh
Und was immer ich auch tu
Ganz egal, wohin ich seh
Was ich seh, bist Du!

NACHGESCHMACK

Wie die Reiher
Zerissen wir unsere Haut
Und löffelten das Fleisch
In großen Stücken heraus
Warfen sie hinter uns
Weil wir uns so ekelten
Zu verletzen

Jetzt lecke ich meine Wunden,
Geliebte
Langsam schließen sie sich
Die Narben verblassen
In Erwartung der nächsten Bestie
Die sie wieder aufbeissen wird
Doch diesmal werde ich sie
Mit Haut und Haaren
Verschlingen

Und wenn ich sie dann
Verdaut habe
Werde ich rülpsen
Und geschmacklos sein
Und sagen:
"Ich liebe dich!"
Und hoffentlich
Deinen Geschmack los sein...

III. Geteilt

Schwarz war weiß und kalt war warm
Lag's dem schwarzen Schwed' im Mund
Dem Mönche ist der Reiche arm
Der graue Himmel kunterbunt

Hier ist hier und dort ist dort
Des einen Heil, des andern Not
Die Völker ziehn von Ort zu Ort
Eins ist nur der Tod

Was ist gut und was ist schlecht?
Was ist falsch und was ist echt?
Wenn dich um meine Meinung eilt:
Hoch - Hinab - Geteilt

KOMMUNIKATIONSPROBLEM

Die Frau
Rein äusserlich gesehn
Ist's wohl wert
Mit ihr zu gehn
Viel zu schlau
Jedoch gestalten
Um unbeschwert
Den Schritt zu halten...

Jedoch der Mann
Er geht geschwind
Mit festem Schritt
Blind wie ein Kind
Denn was er kann
Um's kurz zu sagen
Mit festem Tritt
Die Frau verjagen...

ANGST

Wenn Politik
Sich selbst verrät
Und unser Hirn
Zu Brei zergeht
Und der schwarze Tod
In der Küche steht
Dann lach ich über dich:
Was juckt es mich?

Wenn die Glatzen
Ihre Mollies schmeissen
Und ihre Hunde
Uns're Kinder zerbeißen
Und meine Werte
Nicht mehr Werte heissen
Dann lach ich über dich:
Was juckt es mich?

Wenn deine Liebe
Kein Gesicht mehr kennt
Wenn dein Haus
für ein and'res brennt
Wenn deine Freundin
Um ihr Leben rennt
Dann lach ich über dich:
Was juckt es mich?

Wenn Du meinst, sie sagen
Was Du sagen solltest
Und sie tragen genau das
Was Du tragen solltest
Und sie fragen nur
Was auch Du fragen solltest
Dann machst Du mir Angst -
Weil Du schon antworten wolltest

VAGABUNDEN _

Ruhelos ziehn sie
durch die Welt
Saugen auf
was kurz gefällt
Durchwandern öde
dunkle Schluchten
Herzen friern
in seelsam Fluchten
Und krallen sich
an jedes Stück
Vom hart umkämpften
kleinen Glück

Sie queren jauchzend
lichtdurchflutet Höh'n
Fallen tief
im Weitergehn
Reisen rastlos
Ziel um Ziel
Spieln das
selbstvergessne Spiel
Spürn der Sehnsucht
klammen Blick -
Der beste Fick
kehrt nie zurück

WEITERGEHN

Weine nicht, Kassandra
Wenn niemand bei dir steht
Nur frei von allem Leiden
Ist der, der einsam geht

Weine nicht, Kassandra
Woll'n sie nicht mit dir kommen
Dem ewig einsam Wand'rer
Wird Freiheit nie genommen

Weine nicht, Kassandra
Siehst Du des andern Qual
Was kümmert dich ein and'rer
Hast Du die freie Wahl

Weine nicht, Kassandra
Wenn sie nicht auf dich hörn
Der Schicksale Mäander
Solln deinen Weg nicht störn

Weine nicht, Kassandra
Das Leben ist so schön
Durch Liebe, Lust und Leid
Allein kannst weitergehn

DEN WEISEN

So seid ihr mir doch ach zuwider
Ihr weisen grauen Graleshüter
Junges Unkraut macht ihr nieder
Und singt voll Inbrunst eure Lieder
Von Hölderlin und Hofmannsthal
Lasst zu ewig Ruhm gereichen
Eure weltgenialen Leichen
Der Müßig' Söhne Muttermal

Will nichts hör'n von Werthers Leiden
Nichts von sanften, grünen Weiden
Weiß nicht, wie die Rosen blühn
Wohin im Herbst die Schwalben ziehn
Wenn schon im Mai die Gassen stinken
Eure Möwen an die Strände schwemmen
Mal wieder Synagogen brennen
Und eure Helden -
Im Schulalltag versinken

Wenn schöne Künste mit euch sterben
Welches Wissen solln wir erben?
Die Kinder dieser Welt sind satt
Vom Wissen, dass heut jeder hat
Von unbegrenzten Möglichkeiten
Und immer noch genialer sein
Nichts Bess'res fällt euch Weisen ein
Als ewig euren Streit zu streiten

Ewig Koryphä'n beweinen
Und ewig meine Welt verneinen
Und ewig euer Aug' verschließen
Vor den Knospen, die da sprießen
Denn für den Trost, den ihr begehrt
Die neuen, unentdeckten Zarten
Für die modernen Literaten
Seid ihr bei weitem zu gelehrt...

BLUTENDE REHE

Ein angeschossenes Reh
Zieht sich zurück
An einen ruhigen Ort
Es leckt seine Wunden
Es windet sich im Laub vor Schmerzen
Es blutet aus
Bis es stirbt

Ich habe ein angeschossenes Reh getroffen
Doch es lag nicht im Laub
Sondern saß in einem Sessel
Es leckte seine Wunden
Doch es blutete nicht
Es war paranoid
Doch es lief nicht fort
Und es wollte sterben
Doch es stirbt nicht

Wo bleibt die Menschlichkeit?
Wer verbietet den Freitod?
Hetzt eure Sklaven durch die Straßen
Sie verenden in den Hauseingängen
Vom Gift eurer Drogen
Denn sie haben verlernt
Die Fallen zu fliehn

Verbietet das Jagen!
Die Rehe sterben nicht mehr...

ZERRISS

Sie haben ihn zerrissen
In Fetzen
Lag sein Name
Auf den Bürgersteigen
Und Zigarettenautomaten

Und er sagte:
"Ich scheiß' auf euch!
Ihr könnt mich alle mal!"
Und sie haben ihn zerrissen
Kleingedruckt
Stand sein Name
Auf Toilettenwänden
Und Altpapiercontainern

Und er sagte:
"Seht mich an!
Ich verdiene es!"
Und sie haben ihn zerrissen
Blutrot
Hing sein Name
In Szenelokalen
Und verschmierten Schaukästen

Und er sagte:
"Nicht doch, ich habe mich geirrt:
Ihr seid besser, als ich dachte!"
Und sie haben ihm verziehen
Und auf ihre Schultern gehoben
In großen Lettern
Stand sein Name
In jedermanns Hand

Da gab er es auf
Und schwieg endlich
Denn was er sagte
Hat niemanden mehr interessiert...

VATERMORD

Es ist so weit, Elektras Qual
Läuft auf dem Sender unsrer Wahl
Poseidon schickt uns Düsenjets
Sie donnern über Troja fort
Und zitternd trifft der Tell'sche Pfeil
Den Hamlet erst im zweiten Teil
Und Ödipussis Vatermord
Stand unlängst als Cartoon im Netz

Auch heute spieln sie wieder Faust
Im alt erwürdig' Schauspielhaus
Mit reichlich Blut und nackter Haut
Bannen sie die Leichengaffer
Die ihren Soll erfüllen gehn
Allwöchentlich hier Schlange stehn
Und sehn's, obgleich den reichen Schaffern
Bereits vorm nächsten Male graut...

Und fehlen immer noch Ideen
Ein Film lässt sich aus allem drehn
"Ich setz mich dem Kommerz zur Wehr!"
Sagt Siegfried Lenz zu seinen Fans
Und ist sie noch so groß, die Not
Er schlägt es aus, das Angebot
Das freut die Kino-Konkurrenz
Und bietet noch ein bisschen mehr...

BARRIKADENBASTARD

"Freiheit!" schrien sie
Und "Für die Bewegung!"
Frei von Gesetzen
Und jeder Überlegung
Bereit für den Kampf
Die Waffen erhoben
Die rote Fraktion
Sollte Umsturz geloben

Vergessen die Väter
Der Mord an Genossen
Mit Heydrichs Kugeln
Wurde Schleyer erschossen
Grundsätzlich war alles
Und manifestiv
Wie die Bluthunde lechzten
Als Nikita sie rief

Hoch auf den Barrikaden
Wer trägt sie heute
Die Fahnen der Meut'rer
Des Wohlstandsstaats Beute?
Der Kämpen Ideale
Auf Konten verfließen
Was bleibt euch heute?
Die Karriere genießen

Sinnvoll unbedingt
Ward Geschichte geschrieben
Wer, wenn nicht ihr
Weiß die Freiheit zu lieben?
Doch mein Bruder und ich
Welchen Traum solln wir finden?
Die "Freiheit", meine eigene
Firma zu gründen?

Ich kenne unser Erbe
Die großen Ideen
Doch man weiß mittlerweile
Dass Ideale vergehn
Denn das ist das Wissen
Dass mein Bruder und ich
So dringlich vermissen
Euer Kampf ist uns Pflicht

Eure Locken verbrannten
Im Freiheitsfeuer
Das Schlachtfeld von heute
Ist die Einkommenssteuer
Ich frag euch, wofür
Zu kämpfen noch lohnt?
Mein Bruder und ich
Sind die Freiheit gewohnt!

WELTENBUMMLER —

Ich weiß
Du musst Indien gesehen haben
Und Kuba
Und die ganze Welt
Ich weiß

Die Anden mit dem Zug
Canada mit dem Rucksack
Australien mit dem Wohnmobil
Und Berlin
Ich weiß

Hongkong bei Nacht
Die Philippinen tauchen
Die Serengeti befahren
Oder den Mekong
Auch gut, ich weiß

Die Skyline von Manhattan
Vom Eiffelturm spucken
Elefanten retten
Und kiffen in Amsterdam
Ich weiß

Mit Yanomamis kochen
Und Tutus tanzen
Dass Didgeridoo spielen
Und Capoeira
Ich weiß

Karneval in Venedig
Oder Rio?
Schwitzen in Kairo
Und baden im Ganges
Ich weiß

Und Ficken in Bangkok
Mit Indianern saufen
McDonald's in Moskau
Aerobic in der DomRep?
Nein, ich weiß

Du musst einmal den Äquator überqueren
Hunde in China kosten
Und Pilze in Mexiko
Und irgendeine Mauer sehn
Ich weiß

Du musst - um deiner Selbst Willen
Hier sein
Denn hier bin ich
Oder sie oder er
Und nicht dort
Wo Du die Menschen
Mit deiner scheißfreundlichen
Gütigen Art
Ankotzt

Weltenbummler
Du Abenteurer
Du Weitgereister
Bist der Stammfreier der Welt

NACHTS AUF EINEM BERG

Des Nachts auf einem Berg stand stumm
Ein Zwerg verzweifelt dumm dort rum
Den Blick gesenkt, den Tränen nah
Um sich er niemanden dort sah
Er lauschte auf des Baches Brausen
Und auf der Winde seufzend Sausen
Und auf des Waldes ruhiges Rauschen
So süss und innig war sein Lauschen
Da unterbrach des Berges Klang
Ein Vogel, der auf einmal sang
Der Zwerg, er hört des Vogels Weise
Und flüstert: "Sei doch bitte leise!"

Die Ohren feste zugedrückt
So stand er da, mit irrem Blick
Doch bei der ersten Träne Plitschern
Verstarb des einsam Vogels Zwitschern
Und wie als ob er ihn verstand
Lag nun in tiefer Ruh' das Land
Des Zwergs Gesicht entspannte nun
Und fiel erneut in lauschend Ruhn
Da plötzlich grunzt ein Wildschwein laut
Die schöne Stille jäh versaut
Der Zwerg, er sagte wie zum Kauze:
"Nun halt doch bitte auch die Schnauze!"

Nun, da das Schwein bekannterweise
Nur selten länger grunzt bald leise
Die seelig Stille wiederkehrt
Der Zwerg, er blickte recht verklärt
Von seinem Berg über den Tann
Und bald mit Lauschen neu begann
Die Stille sprach zu ihm so schön
Er wollte ewig dort so stehn

Doch da ein Lärm, sein Blick im Wahn
Von Ferne kreischt die Eisenbahn
Ihr Pfeifen grob, blasphemisch schrill
Er schrie: "Seid endlich alle still!"

Der Zwerg, er resignierte stumm
Und wandte sich zum Gehen um
Er stieg in seinen Wagen ein
Fuhr in die große Stadt hinein
Stand bald im Stau, sein Frust war groß
So stieg er aus und rannte los -
Den Ersten, der da hupte dumm
Bracht er mit bloßen Händen um...

DUBROVNIK, FÜNF JAHRE SPÄTER

Das Wort Krieg
Fällt
Und reißt Lider auf
Bringt Devisen
Für billigen Wein
Und gegen ein schlechtes Gewissen

Die Augen der Mädchen
Schwarz geschminkt
Arrogant
Und Misstrauisch

Die Köpfe der jungen Männer
Kurzgeschoren
Mit lauten Stimmen
Und stumm

Wie ihre Väter
In den Bars und Hauseingängen
Nutzlos und müde
Mit roten, verschämten Gesichtern

Sonnenaufgang über Ruinen
Einschusslöcher auf dem Weg zum Strand
Wo man sich zwischen Trümmern bräunt
Und lebt

Im azurnen Meer
Spiegeln sich graue Häuser
Leerstehende Hotels
Mit ihren schlafenden Portiers

Ein zerbombter Bolzplatz
Schüsse schlagen ein
Von kleinen, johlenden Champions
Mit erwachsenen Gesichtern

Ein vergammelter Rohbau, tot
Riesig, im Stich gelassen
Unkraut auf den Balkonen
Katzenkot im Entreé

Der Blinddarm
Wird sie genannt
Der verlorene Posten
Die Stadt der Hammerschläge
Und Sägenschreie
Und langen Blicke

Das Wort Krieg
Fällt
Und schwärzt Brauen
Senkt Blicke
Beißt sich auf die Lippen

Das Wort Krieg
Schweigt
Und sagt unerträglich viel
In einer wunderschönen
Lebenshungrigen Stadt

TERROR IM WINTER

Äscherne Schleier
Lähmen das Land
Die lästige Feier
Hat Schneisen gebrannt
Die Würze des Frosts
Vom Weihrauch erstickt
Nach der Festtagskost
Vom Freier gefickt
Ein strahlender Dom
Die Säufer dahinter
Das Weihnachtssyndrom
Der Terror im Winter...

In glitzernden Straßen
Den Schnee vermissen
Im hektischen Rasen
Was besorgen müssen
Im Glühweinzelt
Ein erfrorenes Lachen
Mit dem Weihnachtsgeld
Etwas Sinnvolles machen
Und der Vater in Rom
Sieht noch Glauben darin
Im Weihnachtssyndrom
Das zu Ostern beginnt...

Mit glänzender Miene
Surfen Kinder im Netz
Der Geschenkemaschine
Wird der Server gefetzt
Unendlich fromm
Entern Rentner Gottes Haus
Die heilige CD-Rom
Kommt noch rechtzeitig raus

Und heiliger Strom
Fließt günstig zum Fest
Das Weihnachtssyndrom
Verkauft auch den Rest...

Die neue Weihnacht
Ist alt geworden
Mit dem üblichen Reibach
Und den Umsatzrekorden
Dass manche noch immer
Ein Fest darin sehn
Macht das Ganze noch schlimmer
Grotesk und obszön
Das Konsumenten-Progrom
Nur wer kauft, steht dahinter
Das Weihnachtssyndrom
Der Terror im Winter...

NATURGESETZ _

Ein Apfelbaum
mit goldenen Blüten
festen Wurzeln
einem kräftigen Stamm
den süssesten Früchten
einer herrlichen Krone
gesunden Blättern
mächtigen Ästen
und vom frischesten Saft
geht ein
wenn neben ihm
ein einfacher
wunderbarer
Birnbaum blüht

Denn Birnen
wird er nie
besitzen

So der Mensch -
wenn er die Äpfel liebt
wird immer
nach den Birnen greifen

ESSENZ

Frisch und jung
und spannend musst Du sein
Schön und frech
und edel ist dein Schein
Stark bist Du
und unentrückbar
Nie dein Wille
unterdrückbar

All dessen bin ich überdrüssig
Alle wissen
Alles besser
Alles, alles überflüssig

Reines Herzens
edler Geist
Wahr ist alles
was Du weißt
Falsch ist alles
böses Lügen
Niemals wirst Du
je betrügen

All dessen bin ich überdrüssig
Tausend Augen
Überall
Alles, alles überflüssig
Deine Reinheit
ist mein Dreck
Dein strahlend Weiß
mein schwarzer Fleck
Deine Weisheit
mein Verdummen
Dein Manifest
ist mein Verstummen

All dessen bin ich überdrüssig
Wisse, Weiser
Du bist dumm
Alles, alles überflüssig

Du selbst bist nicht
dein Hab und Gut
Nicht dein Witz
dein Wagemut
Nicht der Mann
der wählen geht
Einzig Du bist es
der zählt!

Nackt und töricht
Sieht ein Blinder
Die naiven
Menschenkinder

79

NACH HAUSE FAHREN

Langeweile, rasend am Fenster
Rostiges Eisen saust lautlos vorbei
Stahlkalter Schienenstrang, stiller Begleiter
Klotz im Magen, Reiselitanei
Krebsgelbe Haut, die schwitzenden Hände
Eiskalte Sonne sumpft trübe herein
Stossweise Züge brühwarmer Luft
Der blecherne Lindwurm, Gefangener sein

Hügel mit Dörfchen, Toskana, Provence
Dann dröhned, atemlos, Fahrt durch die Gruft
Trostloser Blick auf die glimmende Kippe
Und die friedvolle Inhalation der Luft...
Dann wieder Licht, Blinzeln, Erwachen
Aufatmen, Landschaft, schön wie nie
Zufrieden, so schuldlos, wie Steine auf Beinen
In saftigen Wiesen watendes Vieh

Ein Stahlkasten, rasend, meine Heimat Magnet
Die Puppen, sie sausen durch alte Kulissen
Und näher und enger, ich komme zurück
Oh würd' ich doch nie dort ankommen müssen
Und schneller und kürzer die Zeit vergeht
Und immer die Angst, ich komme zu spät...

Auf dem Bahnsteig, die Mutter, eifrig gespannt
Kaum ihr im Arm, von Sehnsucht gebannt
Die Fahrt mit dem Wagen durch heimatlich Land
Die Straßen, die Häuser, so fremd und bekannt
Sie lachen, die Fratzen, mit schätzendem Blick
So lange, so weit, nur selten gesehn
Angst, eine falsche Bemerkung zu machen
Angst, sie zu hören und falsch zu verstehn

Ich mache mein Rennen, ein Fremder zu Haus
Ich kenne so viel und weiß doch nichts
Alles was war ist lang nicht mehr da
Die Kette, die niemand mehr ölt, die bricht
Die Lieben, ich freu mich so sehr sie zu sehn
Und sauge und sauge alles heraus
Wie könnten sie auch meine Gier verstehn
Oh könnt´ ich nur endlich, nur endlich nach Haus...

Die Wochen vergehn, schon lange vergessen
Wie lieb ich, wie hass ich die Tage in Hessen
Zu Hause in Hamburg, und wieder nur rennen
Oh hätt' ich ein bischen noch bleiben können!

ICH WEIß DIE NACHT

Die Nacht verging, der Tag erschien
Die neue Sonne ließ mich sehn
Wie stetig die Gestirne ziehn
So wird auch sie einst weitergehn

Doch voller Vorwurf brennt sie nieder
Kein Zweifeln lässt ihr Sengen zu
Will im Zenit nie wandern wieder
Auch wenn sie mich verbrennen tut

Ich weiß des Sonnenaufgangs Pracht
Kein Nebel soll ihr Strahlen trüben
Doch spür' in kalter dunkler Nacht
Die Angst, ins Licht mich zu verlieben

So lässt mich ihre Wärme schwitzen
Denn täglich droht das Abendrot
So schnell wird ihrer Liebe Hitze
Flammend mir zur Atemnot

Und stirbt sie leise tausend Tode
So mord' ich meinen nächsten Mord
Der Barde stimmt zur nächsten Ode
Die Lügner lügen immerfort

So gleich zu Anfang, Liebste mein
Wie mach ich's dir denn nur verständlich?
Wie könnten wir für immer sein?
Auch Du bist endlich

So halt mich noch ein bischen warm
Und schenk mir deinen blendend Strahl
Ich weiß die Nacht, und was sie nahm
Vergib, sie lässt uns keine Wahl!

NATURGESETZ II

Wenn man Herzen bricht
sollte man nicht versuchen
den Scherbenhaufen zusammenzukehren
und sie mit kleinen Pflastern
zurechtzuflicken

denn Puzzlen
vertreibt kein schlechtes Gewissen

GRAND PRIX

immer weitergehn
immer rennen, durch und weg
immer Neues sehn
sich die Augen reiben
und immer weniger verstehn

immer größer sein
sich immer kleiner machen
immer klug allein
immer Fragen stellen
immer nur zum Schein

immer grade halten
keine Fehler machen
immer schneller schalten
immer lachen, lachen
keine Sorgesfalten
nichts erkennen
nimmer innehalten
rennen -

ÜBER LEICHEN GEHN

Vom Tosen umrauscht
Barg die Brücke den Fleck
Nicht trocken, nicht nass
Dort lagen im Dreck
Drei dunkle Gestalten
Vom Regen verschmiert
Ich gab mir Mühe
Hab keinen berührt
Als ich Schritt für Schritt
über Lumpen stieg
Hielt fest meine Sachen
Hielt die Luft an und schwieg
Um bloß nicht die drei
Auf dem modernden Flecken
Durch Unachtsamkeit
Womöglich zu wecken

Und plötzlich war ich froh
Im Regen zu stehn
Erschrocken, wie alltäglich
Wir über Leichen gehn...

HINTERHER...

- ist man immer schlauer: Ich habe vielleicht doch nicht den Nerv der Zeit getroffen, die *Szene* erwartet womöglich einen langangekündigten Rundumschlag, wir hätten das Cover peppiger machen sollen, irgendwie direkter, zeitloser, und überhaupt: Hätte ich das Skript bereits nach seiner Fertigstellung, nämlich Ende 2001, sofort veröffentlicht, würde das viel besser in meinen Lebenslauf passen!

Aber semi-professionelle Stabreime werden - und das muss man mithin akzeptieren - eben nicht verlegt. Ich brauche einen Agenten! Einen, der solche Angelegenheiten in die Hand nimmt, sich liebevoll kümmert, fette Gagen raushandelt und teure Fotos von mir machen lässt. Und eine Sekretärin brauche ich auch! Dass sich endlich mein feinfühliger Schöngeist ganz in den süßen Elegien poetischen Schaffens ergießen darf und ich schließlich, wie die großen Meister, jeden Scheiß verkaufen kann.

Doch ich will mich nicht beklagen: Nein, es ist mir eine Freude, endlich wieder ein Buch herausgebracht zu haben. Es macht mich stolz, denn es fühlt sich gut an in meiner Hand. Besser noch fühlt es sich natürlich in ihren werten Händen an, der Sie dieses Büchlein preiswert ersteigert und vielleicht auch gelesen haben; Bringen Sie mich damit doch ein kleines Stückchen weiter auf meinem Weg, reich, berühmt und endlich auch sexy zu werden.

Habe ich wirklich gesagt, was ich sagen wollte? Und wollte ich wirklich sagen, was ich gesagt habe? Ich glaube, nein. Ich werde es wieder versuchen müssen.

Und dann wird alles gut...

Und dann, wenn endlich alles gut wird, werde ich keine selbst-
herrlichen Nachworte mehr schreiben und mich auf diese
anhänglichen Freunde verlassen müssen, diese Effekthascher,
diese Blutegel meines schillernden Erfolges, ohne die diese
Geschichte ganz anders ausgegangen wäre und bei denen ich
mich - als wäre ich nicht schon verkannt genug!
- schlussendlich auch noch zu bedanken habe!

Als da wären: *Jan*, *Volker*, *Thouraya*,*Jasmin*, *Hanna*, *Ellen*, *Ali*,
Timm, *Nadine*, *Kaissa*, *Nicole*, *Rupam*, Sport Scheck Hamburg,
CC Hamburg (daraus kann noch eine wundervolle
Freundschaft werden!), Mojo Club Hamburg, *Michelle*, *Katinka*,
Biggi, *Elif*, *T*obe und - alles was recht ist - *Aike*.

Und wat weiß ich, wie die ganzen Arschkriecher noch heißen!

Toll! Echt klasse! Super! Spitze! Ihr ward mir echt ne
Riesenhilfe, Freunde! Scheiße! *Danke*!

Lukas Kaiser, August 2003